1. Auflage 2016
© Annette Betz in der Ueberreuter Verlag GmbH, Berlin 2016
ISBN 978-3-219-11701-1

Alle Rechte vorbehalten. Das Werk darf – auch teilweise –
nur mit Genehmigung des Verlages wiedergegeben werden.
Umschlag- und Innenillustrationen: Susanne Riha
Fachliche Beratung: Prof. Reinhold Gayl
Druck und Bindung: G. G. Buchbinderei, Hollabrunn

www.annettebetz.de

Susanne Riha

Komm mit durch den Wald!
Tiere und Pflanzen im Jahreslauf

annette betz

 FRÜHLING

Endlich scheint die Sonne wieder länger und kräftiger. Da die Baumkronen noch kahl sind, erreichen die Sonnenstrahlen auch den Waldboden und die ersten Blumen des Waldes, die sogenannten Frühblüher, »schießen« aus dem Boden. In ihren Wurzeln und Zwiebeln haben sie genug an Nährstoffen für ein rasches Wachsen gespeichert.

In den Wurzeln der Bäume wird die eingelagerte Stärke in Zucker umgewandelt und über die »Wasserleitungen« des Baumes zu Stamm und Ästen transportiert. Man sagt auch: »Jetzt stehen die Bäume in Saft.« Bald zeigen sich erste Triebe, aus denen sich Blätter und Blüten entwickeln.

Jetzt ist es so laut wie das ganze Jahr über nicht. Bienen summen in den Baumkronen. Der Specht steckt hämmernd sein Revier ab. Der Gesang der Waldvögel ist vielstimmig: kurze Rufe bis hin zu schönen Melodien.

Schon hört man die ersten piepsenden Küken, die gefüttert werden wollen. Auch die Säugetiere des Waldes sind auf Nahrungssuche. Viele von ihnen haben ebenfalls Nachwuchs zu versorgen.

Frühling

*Der **Buntspecht** sucht nach einem Baum, um seine Bruthöhle hinein zu zimmern.*

MÄRZ

*Die ersten **Winterknospen** an Bäumen und Büschen beginnen zu wachsen.*

*Auch der **Kleiber** sucht ein Baumloch für sein Nest.*

Der Winter ist vorbei. Von Tag zu Tag wird die Sonneneinstrahlung stärker. Im **Mischwald** tropft und rauscht es: Der Schnee schmilzt, der Boden ist matschig. Der Bach führt Schmelzwasser aus den Bergen. Der Boden um die kahlen Laubbäume herum bekommt jetzt das meiste Licht des Jahres ab: Die ersten **Frühlingsblumen**, die sogenannten Frühblüher, schießen aus dem feuchten Erdreich. Diese Blumen haben dafür gut vorgesorgt. Seit dem letzten Herbst haben sie genügend Nährstoffe in ihren unterirdischen Teilen wie zum Beispiel in Zwiebeln gespeichert. So können sie jetzt die kurze Zeit der Sonneneinstrahlung nützen, um zu blühen. Aber auch **Asseln, Käfer** und **Ameisen** tummeln sich bald auf dem Waldboden.

*Die **Hummelkönigin** baut erste Waben in einem alten Mäuseloch.*

Märzveilchen   Schlüsselblume   Leberblümchen   Buschwindröschen   Lungenkraut

*Die Sonne weckt erste **Reptilien** und **Falter** aus ihrer Winterstarre. Bei manchen Säugetieren gibt es ersten Nachwuchs, etwa bei **Wildkaninchen** und **Feldhase**. Die Wildschweinmutter, die **Bache**, verlässt bereits mit ihren Kindern, den **Frischlingen**, das Nest im Unterholz und bringt ihnen das Suchen nach Nahrung bei.*

ized:Frischlinge: Ihre Streifen dienen im Unterholz als Tarnung.

Frühlingsknotenblume   Schneeglöckchen

*Am Bach blüht der **Huflattich**,
bevor er große Blätter bekommt.
Die Stängel der Blüten sind geschuppt.*

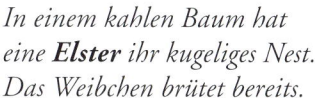

*In einem kahlen Baum hat
eine **Elster** ihr kugeliges Nest.
Das Weibchen brütet bereits.*

Flugbild der Elster

*Die **Bachstelze** ist an den Bach zurückgekehrt.
Droht Gefahr von einem Raubvogel, fliegt sie wild
zwitschernd umher.*

*Im **Dachsbau** sind Junge
zur Welt gekommen.*

*Einer der ersten Schmetterlinge im
Frühjahr ist der **Zitronenfalter**.*

WIR SCHÜTZEN DEN WALD

*Frühlingsblumen bitte **nicht pflücken**!
Die frühen Blumen sind sehr zart
und welken in der Vase rasch.
Viele von ihnen haben Samen,
an denen für die Waldameisen
kleine »Päckchen« mit Nahrung
angehängt sind. Denn die Ameisen
sind ihre wichtigsten Samen-
verbreiter.*

Scharbockskraut

Frühling

*Der **Buntspecht** polstert seine Höhle.*

Eichelhäher (Singvogel)

*Die **Schwanzmeise** baut ein kugeliges Nest. (Singvogel)*

Buchfink (Singvogel)

APRIL

Singdrossel (Singvogel)

Ringeltaube

Regen und Sonnenschein wechseln einander rasch ab. Im Wald gibt es jetzt viel zu hören: Der Specht hämmert mit blitzschnellen Schnabelschlägen in einen Baumstamm seine Bruthöhle. Schon vor Sonnenaufgang beginnen die **Singvögel** mit ihren Melodien.
Bis spät in die Nacht kann man **Eule** und **Käuzchen** hören und gegen Ende des Monats auch den **Kuckuck**. Er und andere Zugvögel kehren nach und nach in den Wald zurück.
Mit ihrem Gesang stecken die Vögel vor allem ihre Reviere ab. Singend machen sie aber auch einen Partner auf sich aufmerksam. Bald werden Zweige, trockene Halme, alte Federn oder Haare gesammelt und zu Nestern verflochten. Denn die Brutzeit beginnt – vom Boden bis hinauf in die Baumkronen!
Nach einigen Wochen werden in den Nestern die ersten Küken schlüpfen und mit ihren Rufen nach Nahrung in das **Vogelkonzert** mit einstimmen.

Rotkehlchen (Singvogel)

Heckenbraunelle (Singvogel)

*Der kleine **Zaunkönig** ist einer der lautesten Singvögel.*

Beim Brüten werden die Eier zwischendurch gedreht.

*Der **Kuckuck** legt sein Ei in ein fremdes Nest.*

*Die **Waldschnepfe** hat ihr Nest auf dem Boden.*

*Die **Tannenmeise** brütet unter der Erde. (Singvogel)*

Junge Triebe

Wie ernährt sich ein Baum?

Das Angebot an Wasser und Sonnenlicht lässt nun auch die Bäume aktiv werden. Über viele winzige Härchen an seinen Wurzeln nimmt ein Baum Wasser und Nährsalze aus dem Boden auf. Durch feine Kanäle, durch die sogenannten Leitbündel, transportiert er Wasser und Nährsalze durch Stamm und Äste hinauf zu den Blättern. Wir sagen »**Der Baum steht in Saft.**«

Der Transport im Stamm:
Wasser, Nährsalze
Zucker

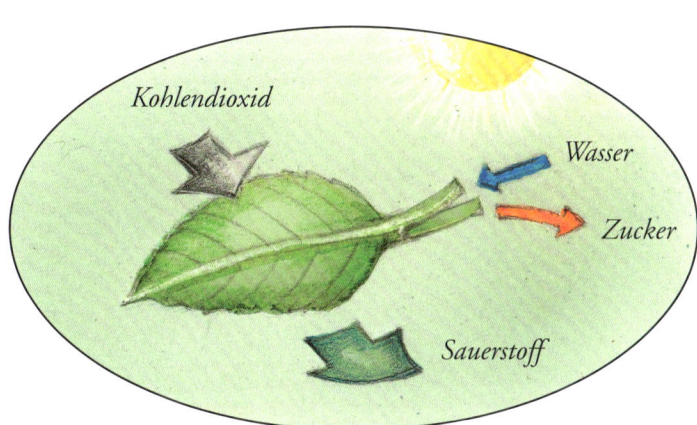

Photosynthese

Die Blätter erzeugen nun aus **Wasser, Salzen, Sonnenlicht** und dem **Kohlendioxid** aus der Luft **Zucker**.
Für diesen Vorgang, der **Photosynthese** genannt wird, benötigen die Blätter ihren grünen Farbstoff, das Chlorophyll.
Den **Zucker** wiederum schicken die Blätter überall hin, wo er gebraucht wird: zu den Blüten, durch Leitbündel den Baum hinunter und als Vorrat in die Wurzeln.
Aber grüne Blätter können noch mehr: Bei der Photosynthese geben sie frischen **Sauerstoff** in die Luft ab.
Auch die »Blätter« der **Nadelbäume**, die **Nadeln**, betreiben Photosynthese, um sich und den Baum zu ernähren.

*Die **Lärche** bekommt neue Nadeln.*

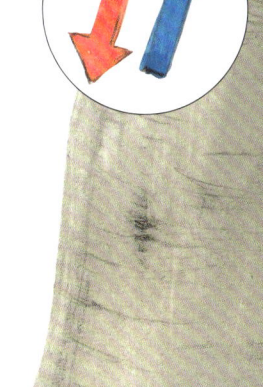

WIR SCHÜTZEN DEN WALD

Brütende Vögel sollen **nicht gestört** werden!
Entdeckt man ein Vogelnest mit Eiern darin, darf man nichts daran verändern! Man soll sich auch nicht lange in der Nähe aufhalten: Die ausgeflogenen Eltern trauen sich sonst nicht zu ihrem Legeplatz zurück.

*Der **Bärlauch** beginnt zu blühen.*

Wurzelhaare

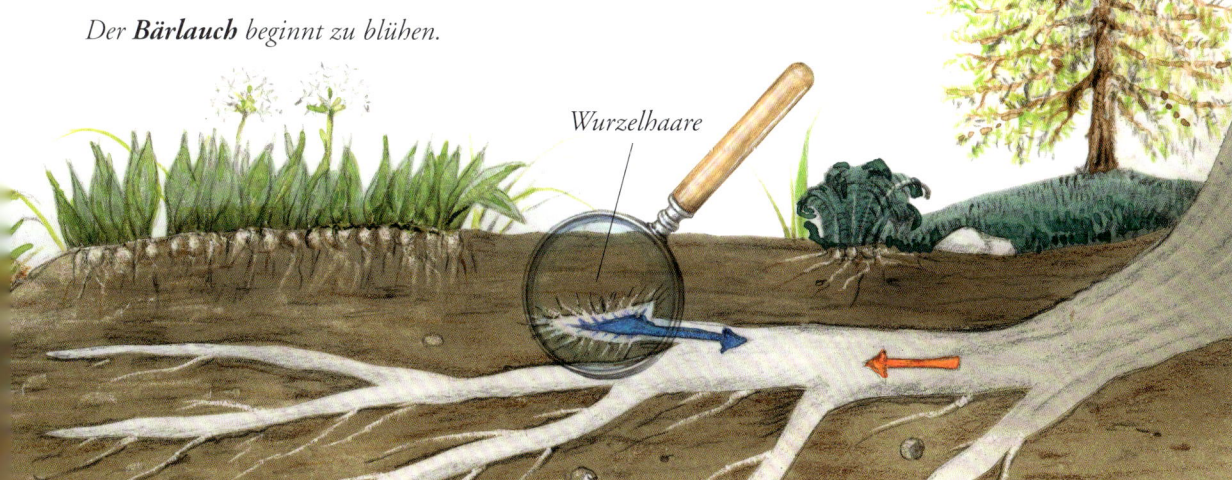

Nest (Rotkehlchen)

Frühling

Linde

Lärche

Zapfen (mit Samen)

MAI

Roter Hartriegel

Heckenrose

Wolliger Schneeball

Noch fällt in den Bergen doppelt so viel Regen wie im Tal. Aber mit jedem Tag wird es nun wärmer. Die Sonne scheint durchschnittlich bereits täglich sieben Stunden lang. Auch die Nächte werden spürbar milder. Es blühen **Schneeball, Hartriegel, Walderdbeere, Aronstab, Waldmeister** und zuletzt die **Heckenrose**. Im Mai blühen auch die Bäume: Gegen Ende des Monats locken die Linden mit ihrem Duft viele Insekten an. In ihren Kronen summen die Bienen. Nektar und Blütenstaub für feinen Lindenblütenhonig wird gesammelt. Dabei **bestäuben** die Bienen auch die Blüten.

Jede Lindenblüte hat einen männlichen und einen weiblichen Teil. Der männliche Teil sind die Staubgefäße mit dem Pollen, dem Blütenstaub. Der weibliche heißt Stempel und sitzt in der Mitte. Wenn eine Biene aus einer Blüte Nektar saugt, bleibt Pollen an den Härchen ihres Körpers und der Beine hängen. Das Insekt trägt ihn mit zur nächsten Blüte. Hier wird der weibliche Teil der Blüte damit bestäubt. Nur bei einer bestäubten Blüte kann sich schließlich aus dem Fruchtknoten eine Frucht entwickeln.

Viele Laubbäume haben voneinander getrennte männliche und weibliche Blüten. Diese Blüten sind oft unscheinbar und duften auch nicht. Diese Bäume nennt man **Windblütler**: Ihr Pollen wird vom Wind übertragen. Auch Nadelbäume wie die Lärche besitzen männliche und weibliche Blüten, die durch den Wind bestäubt werden.

Lindenblüte

Stempel

Staubgefäße

Fruchtknoten mit Eizellen

Querschnitt

Aronstab

Waldmeister

Walderdbeere

*In der Baumkrone wohnen bereits junge **Eichhörnchen**.*

*Auf einem Ast sitzen kleine **Waldkäuze**.*

*In einer Erdmulde werden von April bis Oktober bis zu vier Mal **Waldmäuse** geboren.*

*Das **Rehkitz** versteckt sich im Unterholz. Die Mutter kommt nur zum Säugen. Ihr Körpergeruch könnte Feinde anlocken. Das Kitz selbst hat noch keinen Geruch.*

*Im Bau der **Kaninchen** gibt es zum zweiten Mal Nachwuchs.*

*In einem **Nest im Laub** säugt die Igelmutter ihre Jungen. Sie tragen weiße Babystacheln.*

WIR SCHÜTZEN DEN WALD

Die **Maiglöckchen** blühen.
Sie duften gut, sind aber giftig.
Die Waldblume steht unter Naturschutz.
Bitte nicht pflücken!

*Im Bau unter einer großen Wurzel warten die jungen **Füchse** auf ihre Mutter. Denn die Füchsin ist auf Nahrungssuche gegangen.*

Maiglöckchen

DIE BÄUME DES WALDES

Die Bäume eines Waldes **bremsen** die Kraft des Windes. Ihre tief greifenden Wurzeln **festigen** den Boden, so dass auch starker Regen die Erde nicht wegspülen kann.

Die zähen Äste der Nadelbäume brechen auch unter großer Schneelast nicht ab.

Ist ein Berghang bewaldet, ist dies der beste Schutz gegen Erdrutsch und Lawinen. Dieser Wald wird **Bannwald** genannt.

In früheren Zeiten hat man oft große Waldflächen abgeholzt, etwa für den Bau von Schiffsflotten. Die fruchtbare Erde wurde von Niederschlägen ausgeschwemmt. Deshalb wurde der Boden nach und nach trocken und steinig.

Heute darf nur mehr **nachhaltig** geschlägert werden. Nur so viele Bäume, wie in einer bestimmten Zeit auch wieder nachwachsen können, dürfen gefällt werden.

Zapfenspindel

Fichte
Rinde: *rötlich, geschuppt*
Blätter: *immergrüne Nadeln*
Früchte: *Zapfen mit Samen*
Nutzung: *Möbel, Dachstuhl, Instrumentenbau*

Tanne
Rinde: *glatt, graubraun*
Blätter: *immergrüne Nadeln*
Früchte: *Zapfen mit Samen*
Nutzung: *Möbel, Bootsbau*

Knospen

Spitzahorn

Bergahorn

Feldahorn

Esche
Rinde: *gelblich grau*
Blätter: *länglich, gezahnt*
Früchte: *Nüsschen mit Flügel*
Nutzung: *Möbel, Sportgeräte*

Birke
Rinde: *weiß mit Rissen*
Blätter: *ungleichmäßig gezahnt*
Früchte: *lockere Samenzäpfchen*
Nutzung: *Möbel, Sperrholzplatten*

Linde
Rinde: *braun, gefurcht*
Blätter: *herzförmig, gezahnt*
Früchte: *Nüsschen mit Tragblatt*
Nutzung: *Schnitzen und Drechseln*

Ahorn
Rinde: *braun, abblätternd*
Blätter: *fünflappig*
Früchte: *zweisamige Flügelfrucht*
Nutzung: *Möbel, Musikinstrumente*

Kiefer
Rinde: rötlich, gefurcht
Blätter: immergrüne Nadelpaare
Früchte: Zapfen mit Samen
Nutzung: Möbel, Fenster, Dachstuhl

Lärche
Rinde: bräunlich, rissig
Blätter: Nadeln, abfallend
Früchte: Zapfen mit Samen
Nutzung: Möbel, Außenbau

Traubeneiche
Stieleiche

Eiche
Rinde: braun, tief rissig
Blätter: unregelmäßig gelappt
Früchte: Eicheln
Nutzung: Möbel, Schiffsbau

Buche
Rinde: glatt, silbergrau
Blätter: gewellt, leicht gezahnt
Früchte: Bucheckern
Nutzung: Möbel, Bugholz

Eberesche
Rinde: glatt, grau
Blätter: spitz gezahnt
Früchte: rote Beeren
Nutzung: Schnitzereien

Hainbuche
Rinde: glatt, grau
Blätter: tief geadert, spitz gezahnt
Früchte: Nuss mit dreilappigem Flugblatt
Nutzung: Böden, Klavierhämmer

Jahresring:
Helles Holz wächst im Frühjahr, das dunkle im Sommer und Herbst. Anzahl der Ringe = Alter des Baumes

*Holz ist ein wichtiger **Baustoff**. Es ist hart und zäh, dabei aber auch elastisch und biegbar. Es ist luftdurchlässig und schwimmt auf Wasser. Schiffe, Häuser, Dachstühle, Möbel, Musikinstrumente und vieles mehr wird aus Holz gemacht. Auch für die Papierherstellung werden Holzfasern verwendet. Holz ist aber auch ein hervorragender **Brennstoff**. Und: Holz ist **biologisch abbaubar**!*

SOMMER

Das Blätterdach des Waldes hat sich ganz geschlossen. Es sorgt nun für ein angenehmes Klima. Die Blätter geben Wasser und Sauerstoff in die Luft ab. Auch an heißen Sommertagen bleibt es im Wald feucht und kühl.

Im Sommer sprießt es überall im Wald: Moose, Farne, Efeu, Büsche. Auch die Bäume wachsen kräftig. Stämme und Äste werden länger und dicker. Im Holz des Baumstamms entsteht jetzt wieder ein Jahresring. Das Wachstum der Wurzeln eines Baumes entspricht ungefähr dem der Baumkrone. Raupen und Insekten tummeln sich in den Baumkronen. Die Vögel und ihre flügge gewordenen Küken finden genügend Futter.

Im Unterholz des Waldes ziehen nun viele Tiere ihre Jungen auf. Manche von ihnen kommen erst nachts aus ihren Verstecken. Im Schutz der Dunkelheit suchen sie nach Nahrung.

Der Waldboden speichert Wasser wie ein Schwamm. Nach einem Regenguss im Spätsommer sprießen die Pilze aus einem Geflecht in der Erde.

Sommer

Kohlweißling

Raupen des Eichenwicklers

JUNI

Im Juni gibt es nur an rund drei Tagen keinen Sonnenschein. Am 21. Juni ist der längste Tag des Jahres: Die Sonne erreicht ihren höchsten Stand im Jahr und es ist sechzehn Stunden lang hell. Aber im Inneren des Waldes sorgt das Blätterdach der Bäume für Kühle. Und auch der **Bach** sorgt für Frische.

Vor allem in den Bergen, wo das Gestein oft wasserundurchlässig ist, sammelt sich Sickerwasser und kommt als **Quelle** an die Erdoberfläche. Es kann schließlich als **Wasserfall** den Berghang hinunterstürzen, aber auch als ruhiger Bach ins Tal fließen. Am Bach gedeihen **Farn, Schachtelhalm** und **Sumpfdotterblume**. Die **Pestwurz** bekommt hier besonders große Blätter. **Wasserspitzmaus, Wasseramsel** und **Bachstelze** leben direkt am Wasser. Aber auch andere Tiere des Waldes kommen, um sich am Bach zu erfrischen.

*Das **Tagpfauenauge** sitzt auf einem Blatt. Beim Öffnen der Flügel schreckt es mit seinen »Augen« Fressfeinde ab.*

***Eichenwickler**
Seine Raupen fressen junge Eichenblätter.*

*Die **Wasserspitzmaus** taucht und schwimmt. Sie greift auch Tiere an, die viel größer sind als sie.*

*Die **Wasseramsel** ist der einzige heimische Singvogel, der schwimmen und tauchen kann.*

Schachtelhalm

Sumpfdotterblume

Hirschzunge

Sporenbehälter auf der Blattunterseite.

Adlerfarn

Im Bach

Ab und zu findet sich in einem Bach noch ein **Flusskrebs**. Leider werden durch Verbauungen und durch viele Regulierungen den Wassertieren oft ihre Verstecke an den Ufern genommen. Auch Fische brauchen Sand und Kiesstrände, um zu laichen. Da unsere Bäche zudem mehr und mehr verschmutzt werden, ziehen sich Fische wie **Forelle**, **Elritze** oder **Gründling** immer weiter hinauf in die Bäche im Gebirge zurück.

Schneider

Steinbeißer

Elritze

Regenbogenforelle

Gründling

Nase

Pestwurz

Die **Bachstelze** hat einen langen Schwanz.

WIR SCHÜTZEN DEN WALD

Halte Bäche sauber!
Das Wasser kommt aus sauberen Quellen im Wald zu uns herunter. Keine Plastikflaschen oder anderen Abfall ins Wasser werfen oder am Ufer liegen lassen!

Sommer

Großohr

Fledermaus
*Sie stößt im Fliegen für uns unhörbare Schreie aus. Trifft eine **Schallwelle** auf einen festen Körper (Insekt), so wird sie zurück geworfen. Die Fledermaus fängt sie im Ohr auf und weiß, wo das Insekt ist.*

Mausohr

JULI

Im Juli ist es an vielen Tagen brütend heiß. Die Temperatur steigt über 30 °C und oft regt sich kein Lüftchen. Jetzt »schwitzen« sogar die Bäume: Zu ihrer Kühlung geben sie über die Blätter Wasser in die Luft ab. Zusammen mit dem Schatten sorgt dies für eine angenehme Frische im Wald. An den Sommertagen ist es hier recht still, aber in der Nacht herrscht reges Leben.

Viele **Säugetiere** kommen aus ihren Verstecken, um im Schutz der Dunkelheit nach Nahrung zu suchen. Die **Fledermaus** jagt über dem Bach nach Insekten. **Nachtfalter** flattern von Blüte zu Blüte, saugen Nektar und bestäuben die Blüten. Lautlos gleiten der **Waldkauz** und andere Eulenvögel durch die Dunkelheit auf der Suche nach kleinen Beutetieren.

Bis in die frühen Morgenstunden geht das nächtliche Treiben im Wald. Wenn es schließlich zu dämmern beginnt, ziehen sich viele der Tiere wieder zurück: **in Erdhöhlen, unter Baumwurzeln, ins Unterholz, in Baumhöhlen, Rindenspalten und -ritzen oder auf Ruheplätze in den Baumkronen.**

*Das **Wiesel** hält Ausschau.*

*Der **Igel** wühlt im Boden.*

*Das **Reh** frisst gerne frische Triebe. Zu viel Wild kann im Wald daher großen Schaden anrichten.*

*Tagsüber ruht der **Nachtfalter** auf einem Stück Rinde. Nachts saugt er mit seinem Rüssel Nektar.*

Abendpfauenauge

Eulenvögel

*Das Gehör einer Eule ist so fein, dass ihr ein leises Rascheln am Boden genügt, um die Entfernung dorthin zu berechnen. Der Flug des Vogels ist lautlos. Denn die Schwungfedern sind am Rand weich **gefranst.***

*Die großen Augen haben ein **weites Blickfeld**. Sie brauchen nur wenig Licht, denn sie sehen **sechsmal »heller«** als die des Menschen. Die Fänge des Vogels tragen lange, **scharfe Krallen**.*

Waldohreule

Waldkauz

Uhu

*Abends öffnen sich die Blüten der **Nachtkerze**. Sie haben einen starken, süßlichen Geruch.*

*Auch die Blüten des **Geißblattes** öffnen sich für die Nachtfalter. Die Früchte im Herbst sind giftig!*

*Der **Fuchs** springt auf seine Beute zu.*

WIR SCHÜTZEN DEN WALD

*Während eines sommerlichen Ausflugs in den Wald **niemals** ein Lagerfeuer entzünden! Denn in einem trockenen Wald herrscht große Brandgefahr!*

Sommer

Wespen bauen ihr Nest auch frei hängend.

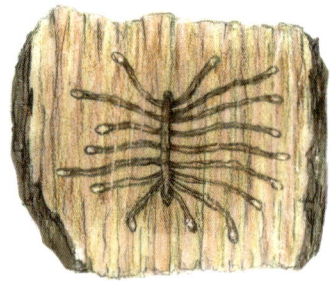

*Die Gänge eines **Borkenkäfers** kann man auf der Innenseite der Rinde sehen. Hier legt er seine Eier ab. Die Larven fressen sich später ins Holz.*

AUGUST

Im August gibt es noch viele sehr heiße Tage. Auch in den Bergen ist es warm. Nach einem heißen Tag kommt oft ein heftiges **Gewitter.** Danach aber ist die Luft sauber und klar und das Rot der untergehenden Sonne kann besonders schön beobachtet werden.

Noch tummeln sich im Wald die **Insekten. Wespen** summen in den Baumkronen, **Borkenkäfer** fressen sich durch morsches Holz, Spinnen weben überall im Wald ihre Netze. Am Boden krabbeln **Käfer** und **Ameisen.** Ein Insekt ist ein **wechselwarmes** Tier, das heißt, die Wärme der Sonne bringt seinen Körper auf Betriebstemperatur. Wenn Ende August die Nächte spürbar kühler werden, ziehen sich viele Insekten in Baumritzen oder ins Laub am Boden zurück. Auch der **Feuersalamander** ist wie alle Reptilien ein wechselwarmes Tier. Aber noch kommt er abends aus seinem Versteck.

*Der **Hirschkäfer** schleckt mit seiner Pinselzunge an den Säften verletzter Eichen.*

Rote Waldameise

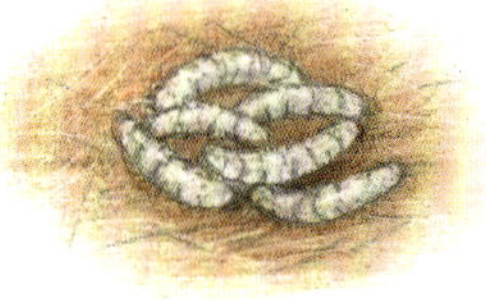

Oft liegt ein **Ameisenhügel** direkt unter einem Nadelbaum. Für ihren Bau schichten Ameisen trockene Nadeln und Stöckchen übereinander. Ein Ameisenvolk besteht aus einer oder mehreren **Königinnen,** einigen männlichen Ameisen und Tausenden von **Arbeiterinnen.** Jede der Arbeiterinnen hat eine bestimmte Aufgabe: Einige suchen nach Futter, andere bauen und bessern den Bau aus oder bewachen die Eingänge. Die »Kinderfrauen« unter den Arbeiterinnen kümmern sich um die **Eier** und **Larven.** Sie reinigen und wenden die Eier und füttern die geschlüpften Larven. Sobald sich die Larven verpuppt haben, bringen sie die Puppen an warme Plätze im Bau. Bald schlüpfen daraus junge Ameisen.

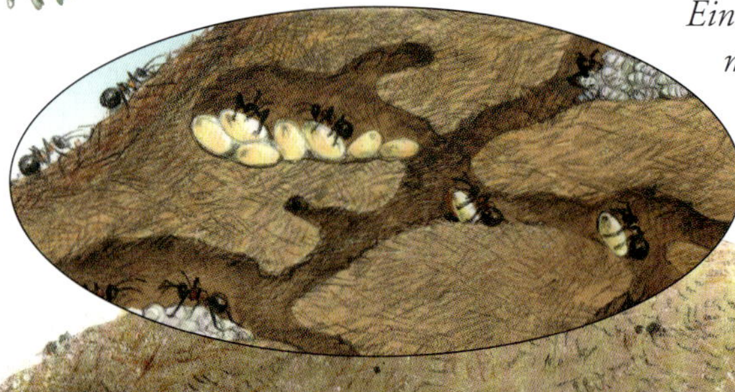

Larven

*Große Stücke tragen sie **gemeinsam.***

*Der **Bussard** hält Ausschau nach Mäusen.*

Kleine Saubermacher im Wald

Der **Mistkäfer** düngt den Boden. Er vergräbt Kot, um seine Eier darin abzulegen.

*Auch **Totengräber** sind nützliche Käfer. Sie vergraben tote Tiere wie Mäuse, Käfer, Regenwürmer, … In das Aas legen sie ihre Eier.*

WIR SCHÜTZEN DEN WALD

Ameisen bewegen sich am Waldboden auf eigenen Ameisenstraßen. Hier bringen sie auch Insekten, die für den Wald schädlich sind, als Beute in ihren Bau. So helfen sie mit, dass der Wald gesund bleiben kann. **Ameisenstraßen also nicht mutwillig zertreten!**

DIE STOCKWERKE DES WALDES

Kronenschicht

*Bäume versuchen so hoch wie möglich zu wachsen, denn so bekommen ihre Blätter das meiste Licht. Die Blätter der höchsten Laubbäume bilden das Blätterdach des »Hauses«. Darunter, in den Baumkronen, ist der Lebensraum von **Eichhörnchen** und **Marder**. Auch **Buntspecht, Eule, Tannenmeise, Rotkehlchen** und viele andere Vögel wohnen hier. **Raupen** und Käfer, wie zum Beispiel der **Hirschkäfer**, tummeln sich da.*

Strauchschicht

*Hier wachsen junge Bäume, vor allem aber Sträucher wie Holunderbusch, Haselstrauch, Weißdorn, Himbeer- und Brombeerstrauch. Auf Lichtungen entwickeln sich Sträucher besonders gut. Mit Ihren Blüten und Früchten sind sie eine wichtige Nahrungsquelle für Tiere. Die Sträucher bieten aber auch Unterschlupf und Deckung, zum Beispiel für **Wildschwein, Hirsch** und **Fuchs**. Aber auch **Haselmaus, Spinne** und **Schmetterling** sind hier zu finden.*

Krautschicht

*Bis zum Boden gelangen nur rund 4% des Sonnenlichts. Hier wachsen kleine Büsche wie Heidel- und Preiselbeere, aber auch Farne, Gräser und Kräuter. In der Krautschicht halten sich **Igel, Feuersalamander** und **Schnecke** auf.*

Bodenschicht

*Der Waldboden ist das Erdgeschoß des Waldes. Moose, Flechten und Pilze gedeihen hier. Besonders ein dicker Moosteppich kann viel Wasser speichern und so anderen Pflanzen beim Wachsen helfen. **Assel, Ameise, Regenwurm** und viele mehr haben hier ihren Lebensraum.*

Wurzelschicht

*Mit verzweigten Wurzeln, die tief in die Erde reichen, sind die Bäume in der Erde verankert. Im Kellergeschoß des Waldes leben viele oft **winzige Tiere**. Es sind mehr als in allen anderen Stockwerken zusammen.*

HERBST

Gegen Ende des Sommers werden die Tage kürzer. Die Nächte im Wald sind schon fast kalt. Bäume und Sträucher bilden Früchte aus, die vom Wind oder von Tieren vertragen werden.

Die Tiere des Waldes bereiten sich für den Winter vor. Sie fressen jetzt, so viel sie können, um sich eine Speckschicht zuzulegen. Vorräte werden gesammelt und vergraben. Manchen Säugetieren wächst nun ein dichteres Winterfell.

Mehr und mehr ziehen die Bäume und Sträucher ihre Säfte in die Wurzeln zurück. Darunter auch den grünen Farbstoff der Blätter. In den Blättern bleiben andere Farbstoffe übrig: Bald trägt der Wald ein prächtiges Kleid in vielen Gelb-, Orange-, Rot- und Brauntönen.

Schließlich vertrocknen die Blätter und lösen sich von den Ästen. Der Waldboden ist von einer dicken Laubschicht bedeckt, durch die der Wind wirbelt. In den Talsenken bilden sich Nebelschwaden. Die Vögel singen nicht mehr und die Insekten haben sich in ihre Verstecke verkrochen.

Herbst

Linde

Drosseln am Holunderstrauch

Nüsschen mit Flugblatt

SEPTEMBER

Allmählich kommt der Herbst. Die letzten Jungvögel sind erwachsen geworden und die Zugvögel bereiten sich auf ihre Reise in den Süden vor. Jetzt ist es im Wald bereits recht still.

Die Blätter der Bäume und Sträucher verlieren ihr sattes Grün. Die Pflanzen **sorgen nun für ihre Verbreitung:** Überall im Wald reifen die **Früchte.** Manche fliegen mit dem Wind. Andere, wie Eicheln oder Nüsse, fallen einfach zu Boden. An den Büschen leuchten reife Beeren und locken Vögel an. Die Vögel scheiden die unverdauten Kerne an anderer Stelle wieder aus. Auch so werden Pflanzen verbreitet. Nach einem Regenguss wachsen **Pilze** aus dem Waldboden. Aus ihren Hüten fallen **Sporen.** Daraus entstehen neue Pilze.

*Am Boden saugen **Feuerwanzen** an den Nüsschen.*

Hagebutten sind die Früchte der Heckenrose.

Steinpilz   *Pfifferling (Eierschwammerl)*   *Speisetäubling*   *Knollenblätterpilz (giftig!)*   *Edelreizker*

*Der eigentliche Pilz liegt **unter der Erde** und heißt **Myzel.** Es ist ein Geflecht aus dünnen Fäden. Daraus wächst bei großer Feuchtigkeit ein **Fruchtkörper.***

Brombeeren   *Fliegenpilz (giftig!)*   *Myzel*   *Sporen*

Buche

Buchecker

Ahorn

geflügelte Nüsschen

Eiche

Eichel

Haselstrauch

Haselnuss

*Der Braunbär ist ein Allesfresser.
Er frisst aber vor allem pflanzliche Kost.
Jetzt sucht er im Hochwald nach Beeren.*

Auch die Tiere des Waldes merken, dass die Tage kürzer werden und die kalte Jahreszeit bevorsteht. Fuchs und Reh oder Braunbär bekommen jetzt ein **dickeres Winterfell.**

Die Tiere legen sich einen **Winterspeck** zu. Sie fressen von den Früchten des Waldes, so viel sie können. Auch Tiere, die das Jahr über vor allem kleinere Säugetiere jagen, nehmen jetzt zusätzlich nahrhafte Nüsse sowie Beeren zu sich.

Vorräte werden gesammelt und vergraben. Dabei haben Eichelhäher oder Eichhörnchen schon so manchen neuen Baum gepflanzt.

WIR SCHÜTZEN DEN WALD

Pilze niemals zertreten!
*Denn sie halten nur wenige Tage, in denen sie ihre Sporen ausstreuen und sich vermehren können. Pilze dürfen nur von Leuten gesammelt werden, die sich damit gut auskennen, weil einige von ihnen **giftig** sind.*

*Der **Eichelhäher** kann im Kehlsack bis zu zehn Eicheln transportieren. Einzeln hämmert er sie in die Erde.*

*Das **Eichhörnchen** vergräbt auch Nüsse und Bucheckern.*

Herbst

Immergrüne Pflanzen

*Die **Eibe** ist ein langsam wachsender Baum oder Strauch. Achtung! Giftig!*

*Auch die **Stechpalme** wächst nur sehr langsam. Ihre harten Blätter haben scharfe Spitzen.*

*Der **Wacholder** wächst in den Bergen. Nur die Beeren dürfen gepflückt werden!*

*Der **Efeu** blüht im Herbst und trägt im Frühling Früchte.*

*Hoch oben in einem Baum baut das **Eichhörnchen** einen dichteren Kobel für den nahenden Winter.*

OKTOBER

Im Oktober hat das **Wild im Wald** Paarungszeit. Die Hirsche gesellen sich zu den Hirschkühen und kämpfen um ihre Reviere. Immer wieder ist jetzt das Röhren eines Hirsches zu hören. Und fortwährend ein leises Knistern, denn die Lärchen verlieren ihre Nadeln, die Laubbäume ihre Blätter. Auf dem Waldboden sammeln sich bald große Haufen davon.

In den Ästen der Büsche glänzen die feinen Fäden von Spinnennetzen. Aber auch im Laub, zwischen Steinen oder an morschem Holz weben **Spinnen** ihre kunstvollen Netze.
Die Tage werden nun rasch kürzer und die Sonne wärmt nicht mehr richtig. Kalter Wind fegt bereits durchs Laub am Boden. In den Nächten kann es zum ersten Mal Frost geben. Für die Tiere ist es höchste Zeit, für warme **Winterquartiere** zu sorgen, in die sie sich zurückziehen können.

*Der **Dachs** sammelt trockenes Gras, um damit die Wohnkammer in seinem Bau auszupolstern.*

Spinnen

*Die Spinne ist **kein Insekt**. Sie ist eine Verwandte von Skorpion und Milbe. Spinnen haben **acht Beine**. Körper und Beine sind stark behaart. Damit tastet und orientiert sich die Spinne. Ihre Augen können nur schwarz-weiß sehen. An ihrem Hinterleib hat sie **Spinnwarzen**. Mit diesen stellt sie die Fäden für den Bau ihres Netzes her. Wenn sich ein Insekt in ihrem Netz verfangen hat, beißt sie es tot. Um das Insekt fressen zu können, spritzt die Spinne ihm ein Gift ein, das es zu Brei auflöst. Im Herbst sorgen Spinnen für Nachwuchs.*

*Die **Kreuzspinne** legt jetzt Eier in einen eng gesponnenen Kokon ab. Hier überwintern die Eier. Daraus schlüpfen im Frühling junge Kreuzspinnen. Andere Jungspinnen, wie die der **Bodentrichterspinne**, schlüpfen im Herbst. Eine Zeit lang bleiben sie noch im Netz der Mutter. Dann lassen sie sich an selbstgesponnenen Fäden vom Wind forttragen, um eigene Netze zu bauen.*

Kreuzspinne
(bis zu 15 cm groß)

Radnetz der Kreuzspinne

*Spinnen in der **freien Natur** nicht töten! Sie leisten einen wichtigen Beitrag gegen eine Insektenplage im Wald. Nur manche von ihnen sind für Menschen schwach giftig.*

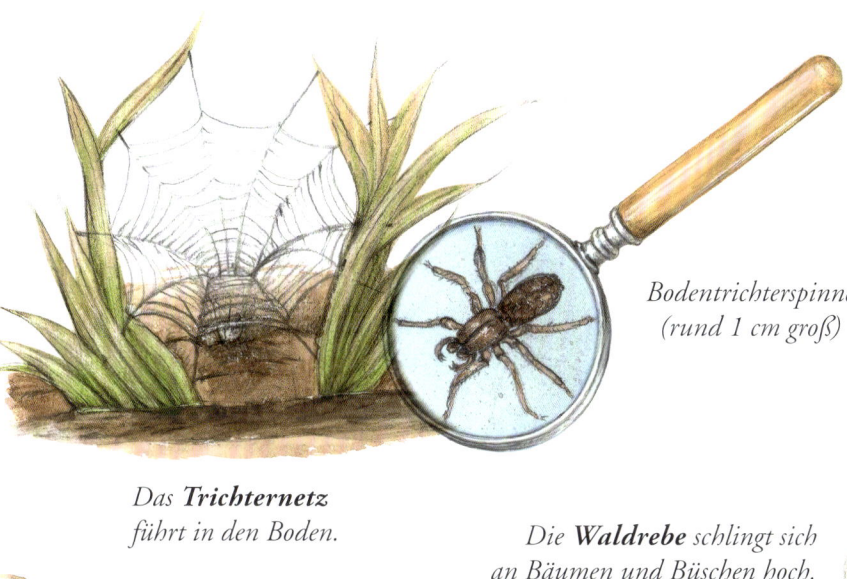

Bodentrichterspinne (rund 1 cm groß)

Das Trichternetz *führt in den Boden.*

*Die **Waldrebe** schlingt sich an Bäumen und Büschen hoch.*

*Die **Haselmaus** polstert sich eine Schlafhöhle für den Winter aus.*

*Die **Weinbergschnecke** zieht Teile von Pflanzen in ihr selbst gegrabenes Winterquartier hinunter.*

WIR SCHÜTZEN DEN WALD

*Die Zweige der **Stechpalme** waren immer schon ein sehr begehrter Weihnachtsschmuck. Da sie deshalb selten geworden ist, steht die Pflanze heute unter Naturschutz. Bitte nichts mehr davon abschneiden!*

Herbst

Fressspuren an Eicheln oder Nüssen

*Der **Buntspecht** klopft eine kleine Öffnung in die Schale.*

Waldkauz

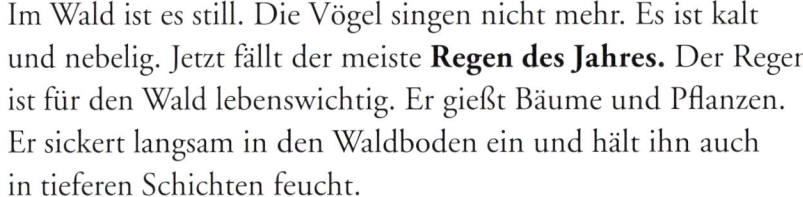

NOVEMBER

Im Wald ist es still. Die Vögel singen nicht mehr. Es ist kalt und nebelig. Jetzt fällt der meiste **Regen des Jahres.** Der Regen ist für den Wald lebenswichtig. Er gießt Bäume und Pflanzen. Er sickert langsam in den Waldboden ein und hält ihn auch in tieferen Schichten feucht.

Die **kahlen Laubbäume** sind nur noch an ihren Rinden zu unterscheiden. Jetzt fällt auf, wie weit die nadellosen Lärchen voneinander oder von anderen Bäumen entfernt stehen. Denn dieser Nadelbaum braucht das Jahr über viel Sonnenschein.

Das **Laub am Boden** ist braun geworden. Die nassen Blätter fallen in sich zusammen und verströmen einen modrigen Geruch. Tausende Regenwürmer kommen an die Erdoberfläche, denn in der Nässe fühlen sie sich sehr wohl. Ihr Kot düngt den Boden.

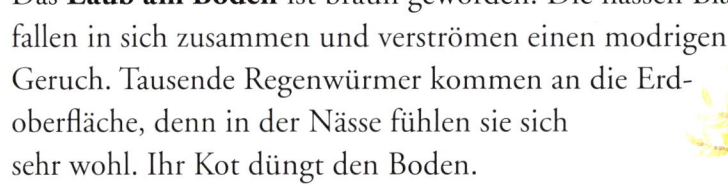

*Das **Eichhörnchen** bricht die Schalen auf.*

Die meisten **Tiere des Waldes** kommen nur mehr aus ihren Verstecken, um nach Nahrung zu suchen. Bis zum ersten Frost finden Vögel noch Beeren an den Büschen. **Waldmaus, Eichhörnchen** oder **Buntspecht** entdecken noch da und dort eine Nuss, eine Eichel oder einen Fichtenzapfen. Nachts frisst der **Waldkauz** jetzt auch viele Regenwürmer.

*Die **Waldmaus** nagt ein Loch mit abgeschrägtem Rand.*

Fressspuren an Zapfen

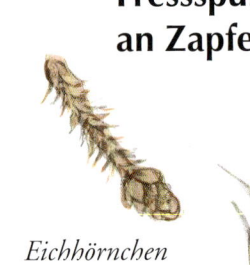

Eichhörnchen

Waldmaus

Buntspecht

*Unter dem Schlafbaum des Walkauzes kann man sein **Gewölle** finden: kleine Knäuel aus Haaren und Knochen (von Mäusen), die er unverdaut herausgewürgt hat.*

Wasser undurchlässige Schicht

Wenn der Baum seine Blätter abwirft, befreit er sich damit auch von **Schadstoffen und Umweltgiften,** die sich den Sommer über in den Blättern angesammelt haben!

Warum werden Laubbäume kahl?

Ein großer Laubbaum hat Hunderttausende von Blättern. Die Blätter geben Feuchtigkeit in die Luft ab, Hunderte Liter täglich. Wenn aber der Baum im Winter ruht, nehmen seine Wurzeln kaum mehr Wasser aus dem Boden auf. Damit der Baum nicht verdurstet, wirft er im Herbst seine Blätter ab.

An der Basis jedes Blattstieles hat sich zuvor eine korkähnliche Schicht gebildet, die kein Wasser mehr ins Blatt durchlässt. Gleichzeitig verschließt sie die kleine »Wunde« an der Rinde des Astes. Das Blatt fällt ab.

WIR SCHÜTZEN DEN WALD

Verstecke von Vorräten, die von Tieren im Wald für den Winter angelegt wurden (zum Beispiel unter Wurzeln, aber auch in hohlen Baumstümpfen) bitte **nicht ausräumen!**

WAS MACHT DER FÖRSTER?

Der Förster schützt und pflegt den Wald: Er fällt kranke und morsche Bäume und forstet wieder auf. Er kümmert sich um die Tiere, die in seinem Wald wohnen. Er bewahrt den Wald und seine Gewässer vor Verschmutzung. So sorgt er auch dafür, dass der Wald für uns Menschen ein wertvolles Erholungsgebiet bleibt. Und schließlich kümmert er sich um den zeitgerechten Verkauf des Holzes von geschlägerten Bäumen.

*Bäume brauchen Jahrzehnte, um richtig groß zu werden. Die Entscheidung des Försters, welche Bäume er fällt, ist von großer Bedeutung für den **Wald in der Zukunft.***

*Der Förster baut **Futterkrippen** für Rehe und Hirsche. Im Winter füttert er die Tiere im Wald.*

*Im Frühjahr **pflanzt** er **neue Bäume** und schützt sie davor, von Tieren angeknabbert zu werden. Um den **Jungwald** baut er später einen Zaun.*

Der Hochstand des Försters

*Aus starken Ästen und aus Brettern baut der Förster einen **Hochstand**. Von hier aus kann er den Wald überblicken und die Wildtiere zählen. Gibt es zu viele Tiere, so finden sie nicht mehr genug Futter im Wald. Dann gibt er einige von ihnen zum Abschuss frei. Oder er ist selbst der **Jäger**.*

*Der **Hund des Försters** spürt kranke, aber auch verletzte Tiere auf. Er ist bei der Jagd ein wichtiger Helfer.*

WIR SCHÜTZEN DEN WALD

*Der Förster **passt** auf den Wald **auf**. So dürfen Pilze beim Sammeln nicht einfach aus dem Boden »gerissen« werden.*

WINTER

Jetzt sind die Tage kürzer als die Nächte. Es regnet viel und schließlich fällt Schnee, bis in die Täler herunter. Der Wald ruht. Die Bäume sind kahl geworden und wachsen nicht. Nur Tannen, Fichten und Kiefern haben ihre grünen Nadeln behalten.

Für die Tiere ist der Wald jetzt ein Unterschlupf mit niedriger, aber gleichbleibender Temperatur. Insekten, Schlangen, Echsen, Frösche und Molche fallen in ihren Verstecken in Winterstarre: Sie sind nun wie tiefgefroren, aber sie sterben nicht. Vögel können sich in das Geäst der Bäume zurückziehen. Kleine Säugetiere ruhen unter Wurzeln, im Laub oder in selbstgegrabenen Höhlen. Manche von ihnen halten hier für mehrere Monate Winterschlaf. Aber auch größere Tiere wie Rehe und Hirsche schützt der Wald vor eisiger Kälte.

Der Winter ist die Zeit der Holzarbeiten. Ohne dicht belaubte Kronen ist das Fällen von Bäumen einfacher. Der Förster markiert jetzt auch kranke Bäume, die geschlägert werden müssen.
An Hängen im Gebirge ist ein gesunder Nadelwald der beste Schutz gegen Lawinen.

Winter

*Solange die Schneedecke dünn ist, kann der **Bussard** die Mäuse darunter noch erkennen. Aber Jagen ist mühsamer geworden. Denn die warmen Aufwinde für einen kräftesparenden Segelflug fehlen.*

Blaumeise

Kohlmeise

DEZEMBER

Die Tage werden rasch kürzer. Die Nächte sind lang und kalt. Für die **Vögel des Waldes** beginnt nun eine harte Zeit, besonders für die Singvögel, die bei uns geblieben sind. Denn viele von ihnen sind so klein, dass sie den ganzen Tag fressen müssen, um zu überleben. Unermüdlich stochern sie in Baumritzen, in vertrockneten Stängeln oder im Laub nach Insekten oder verpuppten Larven.
Ein Futterspender im Wald, der regelmäßig befüllt wird, hat auch schon so manchem Specht geholfen, den Winter gut zu überstehen.

Bald geht der Regen in Schnee über. Die Schneedecke verhindert ein Durchfrieren des Waldbodens und schützt damit auch die Tiere, die hier schlafen.

*Wenn die Winterluft sehr feucht ist, bilden sich an den Ästen der Bäume kleine Tröpfchen. Die Tröpfchen gefrieren zu **Raureif**. Der Wald sieht dann wie aus Zucker aus.*

*Der **Zaunkönig** sucht in den Knicken von Stängeln nach erstarrten Insekten.*

*Die **Waldschnepfe** stochert im Boden nach Würmern und Insektenlarven.*

Wie schützen sich Tiere gegen die Kälte?

Rotkehlchen

Die Vögel **plustern sich auf.** Die eingeschlossene Luft im Gefieder wärmt wie eine Daunenjacke.

Die Raupen des **Kieferprozessionsspinners** weben seidige Nester gegen die Kälte. Sie ernähren sich von Kiefernadeln. Zu viele Raupen können dabei großen Schaden anrichten.

Der **Feldhase** lässt sich am Waldrand gerne ein bisschen einschneien. Der Schnee schützt vor Wind und Kälte.

Morsches Holz schützt die **Marienkäfer** vor dem Erfrieren.

Die **Fische** im Bach ziehen sich auf den Grund zurück. Hier hat das Wasser auch im Winter 4 °C.

WIR SCHÜTZEN DEN WALD

Im Garten ein **Vogelhäuschen** aufstellen! Die Vögel eines nahen Waldes werden es bald entdeckt haben. Die Futterstelle muss regelmäßig gereinigt werden. Futter immer frisch nachfüllen! Schimmeliges Futter macht Vögel krank!

Auch der junge **Fuchs** beobachtet die Bewegungen der Schneedecke.

Winter

Winterstarre

Insekten und Reptilien sind wechselwarme Tiere. Diese Tiere können keine eigene Körpertemperatur erzeugen. Wärmt die Sonne, so ist der Körper eines wechselwarmen Tieres warm und es kann sich bewegen. Gefriert es draußen, fällt es in Winterstarre.

Kohlweißling

Erdkröte unter einer Wurzel

JANUAR

*Die **Ringelnatter** hat sich ins Laub zurückgezogen.*

Winterschlaf

Ein Säugetier im Winterschlaf hat eine sehr niedrige Körpertemperatur und einen stark verlangsamten Herzschlag. Es darf nicht geweckt werden!

Der Januar ist meist der kälteste Monat des Jahres. Jetzt kann es **Dauerfrost** geben. Das bedeutet, dass die Temperatur auch tagsüber unter 0 °C liegt. Besonders der Hochwald mit seinen Nadelbäumen ist bald mit einer dicken Schneeschicht bedeckt. Oft pfeift kalter Nordostwind durch die Zweige der Bäume, manchmal gar ein eisiger Sturm.

Für die Tiere bedeutet Winter Ruhezeit. Die Vögel sitzen fast reglos in den Baumkronen. Insekten und Reptilien lässt die Kälte in ihren Schlupfwinkeln in **Winterstarre** fallen, die erst die Frühlingssonne wieder beenden wird.

Säugetiere ruhen in ihren Verstecken. Einige von ihnen schlafen jetzt auch tief: So wie **Igel**, **Haselmaus** und **Fledermaus** im tiefer gelegenen Wald **Winterschlaf** halten, so haben sich auch die **Murmeltiere** in den Bergen zurückgezogen.

***Murmeltiere** in der Schlafkammer ihres unterirdischen Baus*

***Fledermäuse** in der Höhle eines Baumes*

Igel

Haselmaus

Winterruhe

Die Tiere müssen jetzt Energie sparen. Manche von ihnen ruhen daher so viel wie möglich.

Das **Eichhörnchen** verlässt den Kobel nur alle paar Tage.

Der **Dachs** macht ab und zu kurze Streifzüge.

Braunbär

Ist ein **Braunbär** im heimischen Bergwald zu Gast, hält er auch hier **Winterruhe**. Er verdöst die Wintermonate in einer selbst gegrabenen Höhle oder einer großen Felsspalte. Sein Lager hat er mit trockenen Pflanzen ausgepolstert. Während seiner Winterruhe nimmt der Braunbär weder feste Nahrung noch Flüssigkeit zu sich.

In der Höhle einer **Bärin** können während ihrer Winterruhe ein bis vier Bärenjunge zur Welt kommen. Schon im Mai des letzten Jahres hat sich die Bärin gepaart. Aber erst im darauffolgenden Dezember beginnt sich das befruchtete Ei in ihrem Bauch zu entwickeln. Ab dann dauert die Trächtigkeit einer Bärin sechs bis acht Wochen.

Ein **Bärenjunges** ist bei der Geburt rund 25 cm groß. Es ist anfangs blind. Sein Körper ist nur mit feinen Härchen bedeckt. Die Muttermilch der Bärin ist besonders nahrhaft: Schon mit drei Monaten wiegt ein Junges rund 15 kg, mit einem halben Jahr ist es bereits 25 kg schwer und fast einen Meter groß. (Ein erwachsener Bär kann bis zu 2 m groß werden und bis zu 200 kg wiegen!)

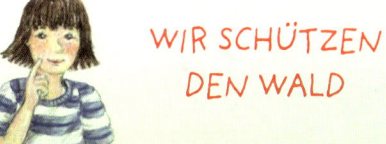

Spur des Braunbären

Im Frühjahr *werden die kleinen Bären zum ersten Mal mit der Mutter die Höhle verlassen. Die weiße »Halskrause« in ihrem Fell werden sie bis zu ihrem zweiten Lebensjahr behalten.*

WIR SCHÜTZEN DEN WALD

Hunde lieben es, in Freiheit umherzulaufen. Aber bei einem Waldspaziergang muss jeder Hund **angeleint** sein! Denn mit seiner guten Nase kann er leicht die Fährte von Wildtieren aufnehmen. Oder aber er erschnüffelt Tiere unter der Erde, die er sofort ausgraben möchte.

Winter

Wintergoldhähnchen

FEBRUAR

*Auf einer Fichte brütet jetzt das Weibchen des **Fichtenkreuzschnabels**.*

*Der Vogel ernährt sich von Fichtensamen. Um an die Samen zu gelangen, schneidet er die Schuppen der Zapfen mit seinem **gekreuzten Schnabel** auf.*

Männchen

Noch immer ist es sehr kalt. Im Bergwald liegt meterhoch der Schnee. Ein **Wintergoldhähnchen** sucht im morschen Holz eines Nadelbaumes nach Käfern, die hier in den Ritzen überwintern.

Immer wieder zeigt sich aber auch schon die Sonne und macht den Februar zum sonnigsten der drei Wintermonate. Rudel von **Reh** und **Hirsch** streifen durch den Wald auf der Suche nach Nahrung.

Die Tage werden länger. Gegen Ende des Monats kann es bereits tauen.

Die Winterknospen an den Ästen der Laubbäume beginnen zu wachsen. Ab und zu regt sich etwas im Unterholz.

Erste Vogelstimmen sind zu hören. Bald werden am Rand des Baches Farne, Moose und Schachtelhalm sprießen. Denn der Frühling ist nicht mehr weit!

*Ein **Wiesel** huscht durch den Schnee.*

*An einem Eichenblatt hat sich um das Ei einer **Eichengallwespe** ein Gallapfel gebildet. Darin hat sich den Winter über eine weibliche Gallwespe entwickelt. Nun schlüpft sie.*

Gallapfel   *Querschnitt*   *Schlüpfende Wespe*

Farne und Moose im Wald

Weißmoos   *Brunnenlebermoos*   *Torfmoos*   *Schachtelhalm*   *Hirschzunge*   *Tüpfelfarn*   *Adlerfarn*

Reh

Die Rehe tragen jetzt ihr graubraunes Winterfell. Sie haben sich tiefer in den Wald zurückgezogen. Hier knabbern sie an Ästen und Trieben. Sie verhalten sich ruhig, um Energie zu sparen.

Bald wird der Rehbock an Ästen und Bäumen den **Bast** *von seinem Geweih fegen. Der Bast ist die Haut, die das Geweih wachsen lässt.*

Reh ist nicht gleich Hirsch. Das Reh ist kleiner und zarter. Im Unterschied zum Hirsch trägt der Rehbock nur ein kleines Geweih. Hirsche leben in Herden. Rehe aber sind Einzelgänger. Nur im Winter schließen sie sich zusammen.

Ein **Rehkitz** *kommt im Frühsommer zur Welt. Die Mutter besucht es nur zum Säugen in seinem Versteck.*

WIR SCHÜTZEN DEN WALD

Rehe sollen im Winter **nicht gestört** *werden! Sie fliehen in großen Sprüngen und verbrauchen dabei zu viel Energie. Auch eine notwendige* **Winterfütterung** *überlässt man besser dem Förster.*

Die Wildschweinmutter, die **Bache,** *hat im Unterholz ihr Lager weich ausgepolstert. Hier bringt sie ihre Jungen, die* **Frischlinge,** *zur Welt.*

WAS DER WALD ALLES KANN

Der Wald schützt vor Wind und Wetter

Das Blätterdach des Waldes spendet kühlen Schatten. Es mildert aber auch Niederschläge wie Regen und Hagel. Die Bäume des Waldes **bremsen starke Stürme** *ab und bieten so Schutz für viele Tiere. In den Bergen halten im Winter viele Nadelbäume Lawinen auf. Denn auch unter großen Schneelasten brechen ihre elastischen Äste nicht ab.*

Der **Tannenhäher** *im Nadelbaum*

Der Wald festigt den Boden und speichert Wasser

Die tiefen, weit verzweigten Wurzeln der Bäume festigen den Boden. Auch starke Regenfälle können das Erdreich nicht wegwaschen. Das Regenwasser versickert im Wald nur langsam ins Grundwasser. An manchen Stellen kommt es als Quelle wieder an die Erdoberfläche. Der Durchlauf durch die Erdschichten des Waldes hat es gereinigt. Es ist nun **sauberes Trinkwasser.**

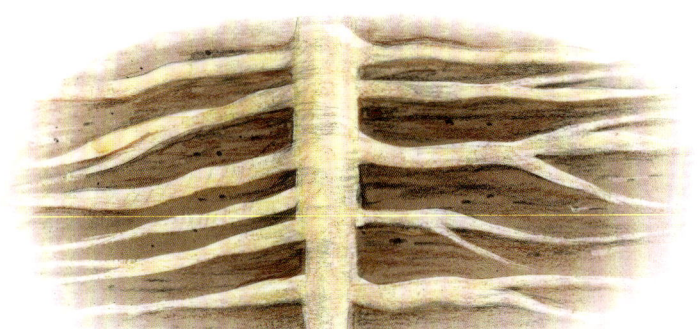

Die **Wurzeln** *eines Baumes können bis zu 30 m in den Boden reichen.*

Die **Fichtenzapfen** *fallen in den Schnee. So können die* **Samen** *sogleich keimen, wenn es taut.*

Im Wald ist die Luft besonders gut

Im Wald ist es immer angenehm frisch. Denn Millionen von Blättern geben hier Feuchtigkeit ab. Die Blätter filtern aber auch den Staub aus der Luft. Während die Blätter durch **Fotosynthese** (siehe »April«) Nährstoffe für die Bäume erzeugen, geben sie **Sauerstoff** in die Luft ab. Ein großer Baum erzeugt täglich so viel Sauerstoff, wie eine vierköpfige Familie zum Atmen braucht. Frische Waldluft riecht auch gut. Dafür sorgen die duftenden Öle der Nadelbäume.

*Durch winzige Öffnungen auf der Unterseite geben Blätter und Nadeln **Wasser, Sauerstoff** und **duftende Öle** (Nadeln) in die Luft ab.*

Der Waldboden erneuert sich selbst

Der Wald ist Heimat von tausenden Tieren. Von großen, aber noch viel mehr von winzig kleinen. Wenn sich im Herbst das Laub zu hohen Haufen unter den Bäumen sammelt, sind es Asseln, Käfer, Würmer, aber auch Pilze und Bakterien, die die Blätter zerlegen. Nach rund drei Jahren ist aus dem Laub **wertvolle Erde** geworden. Moospolster halten den Waldboden feucht. Tausende von Regenwürmern durchlüften ihn. Das sind beste Voraussetzungen für das rasche Keimen neuer Pflanzen.

Tausendfüßler

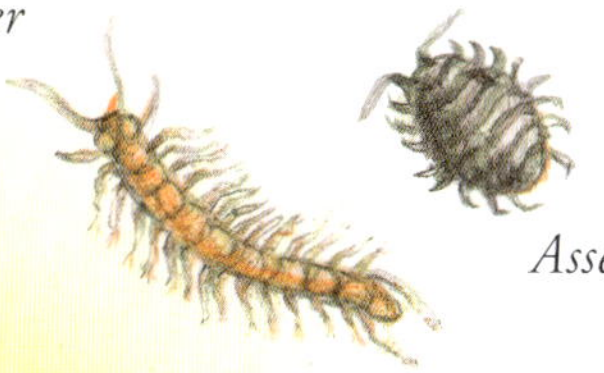

Assel

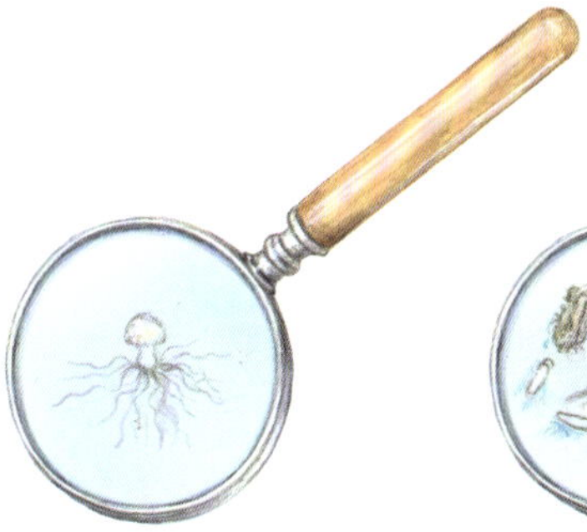

Pilze

Bakterien

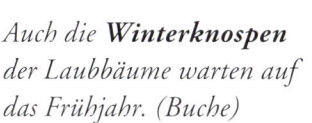

*Auch die **Winterknospen** der Laubbäume warten auf das Frühjahr. (Buche)*

*Der **Regenwurm** ernährt sich von Pflanzenteilen, die in der Erde verrottet sind.*